# LETTRES

## D'UN BOURGEOIS DE SAINT-ÉTIENNE

## A M. LE DUC DE PERSIGNY

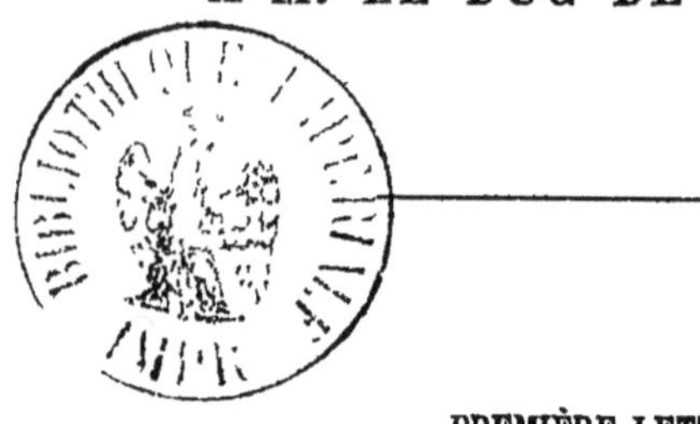

PREMIÈRE LETTRE.

# LA LIBERTÉ ET LES MŒURS

SAINT-ÉTIENNE

IMPRIMERIE DE Vᵉ THÉOLIER AÎNÉ ET Cᵉ

PLACE DE L'HÔTEL-DE-VILLE.

—

**1864**

# LETTRES

## D'UN BOURGEOIS DE SAINT-ÉTIENNE

## A M. LE DUC DE PERSIGNY

----

### PREMIÈRE LETTRE.

## LA LIBERTÉ ET LES MŒURS

Monsieur le Duc,

Dans le remarquable — et très remarqué — discours que vous avez récemment prononcé, au banquet du Conseil général de la Loire, vous avez dit que « l'avenir proclamera Napoléon III le véritable fondateur de la liberté en France. » Et, développant cette proposition avec une originalité de vues et une profondeur de pensées rarement unies à un plus grand bonheur d'expression, vous en avez excellemment démontré la justesse.

Daignerez-vous permettre, Monsieur le Duc, à un simple *Bourgeois de Saint-Etienne,* — votre très honoré compatriote, —non point de traiter après vous une question que vous avez étudiée en philosophe et résolue en homme d'Etat, mais d'exposer, en toute humilité, quelques considérations secondaires qui me paraissent s'y rattacher, à la façon dont les feuilles se rattachent aux branches et dont les branches se rattachent au tronc.

I.

La Constitution de 1852, basée sur les principes de 1789, a garanti à la nation :

La liberté des cultes ;

La liberté d'examen ;

La liberté individuelle.

La liberté d'enseignement est en plein exercice ;

La liberté de l'industrie, encore entravée par le régime des brevets et quelques rares monopoles, est à la veille de passer dans nos lois ;

Enfin, la liberté du commerce comporte à peine une douzaine de prohibitions qui disparaîtront, à leur tour, grâce aux pratiques de la concurrence, et aux théories mieux comprises du libre échange.

Dans l'ordre moral, comme dans l'ordre matériel, la France jouit donc aujourd'hui — ou jouira demain — de toutes les libertés désirables. Elle n'a rien à envier, sous ce rapport, aux Etats les plus favorisés.

Il faut s'en applaudir et non pas s'en plaindre ; comme certaines gens — de bruyants apôtres de libéralisme pourtant — qui trouvent mauvais que le clergé puisse ouvrir des écoles; qui voudraient refermer nos frontières à l'importation de mille et un produits et qui n'admettent la discussion philosophique et religieuse qu'autant qu'on pensera comme elles.

Tant il est vrai que notre pays n'a pas, même pour les libertés primordiales, les violents appétits que telle école lui suppose.

## II.

Quoi qu'il en soit, il ne resterait à la France actuelle, pour être la terre privilégiée de la Liberté, que de joindre aux libertés sociales et économiques qu'elle possède la seule liberté qui lui manque — ou qu'on dit lui manquer, — la liberté politique.

## III.

Qu'est-ce que la liberté politique? Et en quoi consiste-t-elle ?

Le dire au juste n'est pas chose aisée, en dépit des dix ou douze Constitutions qui ont prétendu, tour à tour, nous l'enseigner.

Beaucoup ont essayé de définir la chose, qui y ont échoué. Beaucoup l'essayent, chaque jour, qui n'y réussissent pas mieux.

En somme, chacun entend la liberté à sa manière et la caractérise selon ses goûts.

D'où cette confusion ?

De ce que l'idée de liberté, comme toutes les idées d'ordre et de gouvernement, est une idée essentiellement complexe ; et que les idées qui ont ce caractère se communiquent mal et se saisissent difficilement.

Les idées simples, au contraire, pénètrent de prime abord les intelligences les plus rebelles.

Ce qui explique pourquoi tout le monde est apte à détruire, quand si peu savent réédifier.

Pour jeter bas une maison, que faut-il ? Un marteau ou une pioche.

Pour la relever, cent mille hommes n'y suffiront pas, si, parmi eux, il ne se rencontre un architecte.

Un ouvrier n'a qu'un grabat dans son taudis ; le marchand d'à côté a dix lits, dont la moitié sans emploi. Dites à l'ouvrier : Il n'est pas juste que ton voisin ait cinq lits de trop, lorsque tu n'as pas celui qui t'est nécessaire.

Il comprendra.

Mais exposez-lui l'importance du respect de la propriété ; expliquez-lui que cette propriété n'est que le travail à l'état de résultat. Rattachez ce respect du bien d'autrui à la politique, à la religion, à la morale. Il entendra mal.

Dites-lui encore : Tu n'as que du pain et le banquier d'en face, a douze plats sur sa table.

La conclusion s'offrira d'elle-même à son esprit : Ce n'est pas juste ; le voisin a de trop ce qui me manque. Renversons sa table et élevons la mienne à ses dépens.

Objectez la nécessité de luxe dans les sociétés modernes ; ajoutez que ce luxe est le meilleur moyen d'écouler sur les classes pauvres le superflu des classes riches, sans violenter des intérèts respectables, etc., etc. Que d'efforts il vous faudra faire pour avoir complètement raison !

Creusons au fond de tous nos bouleversements sociaux, et nous y trouverons ou une notion fausse du droit, ou une définition incomplète du devoir. Sondons toutes nos révolutions, pénétrons dans toutes nos discordes civiles et nous y découvrirons ou une application vicieuse du principe de Liberté, ou une théorie imparfaite du principe d'Autorité.

Autorité et Liberté mal enseignées, d'une part, et mal pratiquées, de l'autre : il n'y a pas autre chose dans l'histoire de nos soixante-dix dernières années.

## IV.

Que la liberté politique soit une dans son essence, ce n'est pas contestable. Mais qu'elle ne varie pas dans ses applications, c'est inadmissible.

A Athènes, la liberté revêtait des formes qu'elle repoussait à Sparte. Et Rome ne se fût pas accomodée des institutions de la Grêce.

Le citoyen de l'Amérique du Nord tient pour serf le libre sujet de la reine d'Angleterre. Et sur quelque terre du continent qu'un fils de John Bull mette le pied, tout lui semble absolutisme et oppression.

Pour un Anglais bien né, le gendarme sera l'expression du despotisme dans sa plus révoltante brutalité. Le Français est convaincu que sans le gendarme il n'y aurait, chez lui, ni sécurité personnelle, ni ordre public.

## V.

De là plusieurs formes de la liberté.

Les meilleures sont-elles toujours et partout les plus larges ?

Non.

Mais celles qui s'harmonisent le mieux avec le tempéramment et le caractère du peuple auquel on les applique.

Cent mille hommes se réuniront publiquement à New-York pour discuter les affaires de l'Etat, sans que le gouvernement s'en émeuve. Vingt mille citoyens qui se rassembleront à Londres pour acclamer Garibaldi inquiéteront lord John Russell. A Gand, la police interviendra en armes pour dissiper un groupe de deux cents libéraux et cléricaux.

La Grande-Bretagne et la Belgique passent pourtant, si je ne m'abuse, pour des Etats où la liberté fleurit et prospère.

## VI

Quel est le tempéramment politique de la France, et dans quelle mesure la liberté doit-elle lui être départie ?

On a essayé, en France, de 1789 à 1852, toutes les formes de liberté possibles, depuis les formes antiques jusqu'aux formes les plus modernes. Et, — chose passablement étrange ! — chacune d'elles a paru, un instant, la mieux trouvée. Puis elles ont été tour à tour et définitivement condammées par l'expérience. Les unes, parce qu'elles étaient plus démocratiqués que les mœurs ; les autres, parce qu'elles répugnaient au caractère national ; toutes parce qu'elles n'étaient pas en rapport avec les progrès réels de l'esprit public.

## VII.

Parce qu'on parle beaucoup de la liberté, en France : à la tribune, dans les journaux, dans les livres, au salon, dans les cercles et au café, il ne faut pas juger l'opinion du pays en masse sur cette note du diapason. Et il convient d'abord de considérer que vingt personnes qui crient font plus de bruit que mille qui se taisent, et que, dans une salle composée de quatre mille spectateurs, désireux d'écouter paisiblement un chef-d'œuvre, il suffit d'une douzaine de tapageurs pour troubler la représentation et opprimer à la fois, public, acteurs et souvent l'autorité elle-même.

En politique, ces tyrannies des minorités turbulentes s'imposent aisément, et, — autre singularité assez caractéristique de nos mœurs, — c'est que ceux qu'elles gênent se soucient peu de se plaindre. Car, outre que nous avons peu d'idées gouvernementales arrêtées, —résultat inévitable de nos révolutions, — nous avons beaucoup de respect humain et encore plus de préjugés, — fruits de notre éducation.

Que de braves conservateurs de ma connaissance se croient obligés de tirer leur chapeau à des principes qui ne sont pas les leurs, uniquement parce que ces principes prétendent se placer sous la sauvegarde de la liberté !

Et qui, parmi nous autres bourgeois de 1830, voudrait passer, même auprès de son portier, pour « rétrograde ? » Qui oserait s'avouer adversaire du « progrès ? »

Les idées, dites libérales, sont fort de mode aujourd'hui ; l'opposition est bien portée dans un certain monde qui se vante d'avoir le privilége des lumières et le monopole du patriotisme. Et, à cette attrape, si grossière soit-elle, que de bons Français se laissent prendre !

Champfort disait : Combien faut-il de sots pour faire un public ?

— Combien faut-il de libéraux, dirai-je à mon tour, pour faire une *opinion* libérale ?

— Pas beaucoup.

Heureusement qu'au moment du péril, ces mêmes honnêtes gens qui rougissaient de s'appeler de Sa Majesté *les très humbles sujets*, s'arment courageusemt du fusil et vont faire le coup de feu, dans la rue, pour réprimer le désordre et sauvegarder l'autorité du roi.

## VIII.

Beaucoup de gouvernements se sont fiés à ce libéralisme superficiel et tout en dehors d'une assez minime portion de la nation française. Et c'est en faisant fonds sur des principes qui ne reposaient que sur des fantaisies courantes, qu'ils ont réellement bâti sur le sable. Ce qu'ils avaient cru être l'état normal de la France, n'était guère qu'une excitation nerveuse passagère ; ce qu'ils avaient pris pour des mœurs publiques n'était que des caprices passagers. Ils avaient compté sur une foi, ils ne trouvaient pas même des croyances.

Ce sera votre gloire la meilleure, Monsieur le duc, et le cachet de votre illustre personnalité, en ce siècle de doute universel, d'avoir cru à une idée et d'en avoir poursuivi sans défaillir la réalisation.

Les hommes de cette trempe deviennent rares, et, à quelque parti qu'on appartienne, quand il s'en rencontre encore un, par hasard, on doit avoir le courage de lui ôter son chapeau.

Mais il faut avouer que les vicissitudes révolutionnaires par lesquelles notre pays a passé, depuis soixante-dix ans, n'étaient pas de nature à faire de nous des citoyens convaincus. Le scepticisme politique devait être le résultat de nos incessantes variations.

## IX.

En 1789, toutes les chaînes aristocratiques et féodales furent brisées par le peuple, parce que ces chaînes le blessaient. Puis, enthousiasmé des idées nouvelles qu'il comprenait mal et auxquelles rien ne l'avait préparé, il voulut tout reconstruire à neuf et réaliser, en un clin d'œil, ce qui ne pouvait être que l'œuvre de longues années. On jeta, d'un commun accord, les bases du nouvel ordre de choses. Mais on se divisa profondément dès qu'il s'agît d'y asseoir l'édifice entier de nos futures destinées. La Liberté, pour rappeler une parole fameuse, glissa dans le sang de ses propres apôtres, sur la pente du despotisme des factions.

La révolution anglaise de 1688, fut autrement féconde. Elle correspondait à une éducation publique suffisamment avancée pour en porter le poids. Aussi en sortit-il un gouvernement imparfait sans doute, mais d'où devait naître naturellement, et sans autres secousses, l'admirable constitution de la société britannique.

## X.

Napoléon I<sup>er</sup> comprima, de sa main de fer, la France de la Convention et du Directoire, pour en exprimer, jusqu'à la dernière goutte, le virus démagogique. Il y étouffa même un peu l'essor libéral.

La nation s'en plaignit-elle ? Non.

Au lieu de la liberté, pour laquelle elle n'était pas prête, l'Empereur lui donna l'ordre administratif, l'ordre financier, l'ordre judiciaire. Il la gouverna énergiquement, c'est vrai. Mais la France, avant tout, demandait à être gouvernée.

Bien plus, malgré les commotions révolutionnaires qui agitaient encore le pays, Napoléon entreprend d'y reconstituer, pour sa personne et pour sa race, l'esprit dynastique qu'on croyait détruit à tout jamais. Et, voyez, aussitôt tout renait, tout se pacifie, tout prospère.

Il tomba cependant, dira-t-on, l'Empereur, il tomba ce colosse de génie et de gloire !

Sans doute.

Mais pense-t-on qu'il tomba sous les coups de l'opinion libérale? qu'il tomba parce qu'il avait réprimé les excès de l'anarchie? parce qu'il s'était affranchi, — trop complètement peut-être — des harangues de la tribune? parce qu'il avait fait les quatre mille articles de ses codes immortels sans les exposer à la mutilation ou à l'adjonction de quelques milliers d'amendements et de sous-amendements ?

L'erreur serait grande. Napoléon Ier est tombé, non pas à cause du principe politique qu'il avait pratiqué, mais à cause de l'abus qu'en avait fait son indomptable génie. Les erreurs ardentes de cet homme, démesurément grand, auraient été réparées si sa race s'était établie. Sans les désastres qui frappèrent les armes du vainqueur d'Austerlitz, Napoléon II eût été conduit, par la force même des choses, à modifier ce qu'il y avait eu de trop violent dans le pouvoir de son père. A la seconde génération, le mal se serait considérablement atténué, à la troisième il n'en serait plus resté vestige : on n'aurait eu que les bienfaits de fixité, d'ordre et de liberté que la monarchie aurait produite.

Qu'on ne s'y trompe pas : ce qui fit la force de Napoléon I<sup>er</sup>, à cette grande époque de reconstitution sociale, ce ne fût pas — on l'a naïvement prétendu — quelques bonnets à poil violant le sanctuaire de la représentation nationale. C'eût été bon pour un coup d'Etat, pour une *journée*. Mais vivre après? Mais vivre le lendemain? Mais consolider le troisième jour et rendre ensuite l'établissement durable?

Il y eut entre le gouvernement qui sortit du 18 brumaire et ceux qui l'avaient précédé cette différence capitale, que ceux-ci, obéissant aux exigences d'une opinion qui s'ignorait, avaient méconnu le véritable tempérament du pays ; tandis que le premier basa sa politique sur l'esprit véritable de la nation. Ces gouvernements croulèrent promptement, quand celui de Napoléon, malgré les exagérations de quelques-unes de ses parties, malgré la trop grande tension de ses ressorts, s'éleva puissant et glorieux !

## XI.

La Restauration vint.

Etourdie encore de la chute du géant impérial, la France ne comprit pas grand chose tout d'abord au régime nouveau qu'on voulait inaugurer. Tout ce qu'elle sentit, c'est qu'à défaut de gloire, on ne lui donnerait pas la liberté. Elle s'en souciait médiocrement du reste.

On lui dit : Nous allons vous faire une Charte. Elle répondit avec indifférence : faites votre Charte.

Ce n'est pas de chartes qu'elle avait besoin la nation. Aucune doctrine, précise et définie, n'était profondément gravée dans les esprits, et, en droit constitutionnel, tout le monde était d'une ignorance parfaite. Ce que le pays désirait et réclamait avant tout, c'était le rétablissement de la paix, la reprise des affaires commerciales, la certitude matérielle du lendemain.

On lui promit tout cela.

On y joignit — et ceux-là qui le firent connaissaient bien la consistance de l'esprit national — on y joignit des chansons contre « l'Ogre de Corse » , des vaudevilles niais, des feux de joie et des fusées sur toute la ligne.

Le tableau était charmant. L'insouciance et la gaîté française le complétèrent.

Peu d'hommes eurent le regard assez ferme pour voir au-delà.

On sait ce qui arriva quinze ans plus tard.

Si Charles X était resté fidèle à la Charte — au moins aussi libérale que les mœurs — il n'aurait pas succombé. Mais il eut la faiblesse de laisser le parti aristocratique et sacerdotal afficher des tendances maladroites vers des institutions et des principes d'un passé à jamais condamné. Le pays s'en alarma. Il en résulta une lutte révolutionnaire et contre-révolutionnaire, sous les excès de laquelle le trône croula.

Mais la question constitutionnelle, au fond, ne fut pour rien dans la catastrophe.


## XII.


Ce qui le prouve, c'est qu'après 1830, l'esprit public de notre pays se trouvait si peu formé, ses idées gouvernementales paraissaient si peu fixées, qu'on ne vit rien de mieux à lui appliquer qu'une constitution empruntée à un peuple étranger avec lequel nous n'avions aucune analogie, ni dans notre caractère, ni dans nos instincts, ni dans notre histoire. Importation malheureuse, qui brouilla pour longtemps encore le peu de notions politiques que nous avions pu amasser et qui jeta les esprits, — même les meilleurs, — dans un courant fatal ou devait, pour la troisième fois, sombrer la Royauté.

## XIII.

La France — devenue ultrà-parlementaire à son insu
et sans s'y être disposée — assista, impassible, pendant
dix-huit ans, à cette guerre inglorieuse des minorités
contre les majorités ; à cette lutte mesquine des vanités
et des convoitises personnelles ; à ces compétitions
ardentes de portefeuilles et de hauts emplois ; à ces
triomphes bruyants et à ces chutes plus bruyantes encore de ministres et de ministères, qui finirent par dé-
considérer tellement le pouvoir et desaffectionner à ce
point de la personne du Roi, qu'un beau matin, nous
apprîmes, avec une parfaite indifférence, que la Cou-
ronne était dans le ruisseau et le monarque en fuite.
Ceux-là même qui étaient allé chercher Louis-Philippe
pour l'asseoir sur le trône, l'en avaient précipité de leurs
mains.

## XIV.

Le républicanisme fut-il pour beaucoup dans cette
nouvelle révolution ?

Nous autres bourgeois, qui lisions le *National* et la

*Réforme,* — car il était de mode de lire la *Réforme* et le *National* et d'y applaudir — nous le crûmes pendant trois semaines ; mais pas plus. Il faut que l'histoire impartiale nous rende cette justice.

Et pourtant nous étions sincères en 1848, dans notre ardeur émancipatrice ; gardes nationaux et bourgeois, tous républicains de la veille, de l'avant-veille ou du lendemain.

On fit des élections superbes.

L'Assemblée Constituante acclama dix-sept fois la République dans sa première séance.

Cela tenait du délire.

Trois ans plus tard, on eût cherché vainement un républicain, ayant la foi, avec la laterne de Diogène.

La République n'avait pourtant pas commis des fautes bien graves. A part deux ou trois mesures plus malheureuses que coupables, elle s'était montrée aussi conservatrice au moins que révolutionnaire. Et elle avait, dans son sein, assez d'honnêtes ministres, pour durer... ce qu'avaient duré les autres gouvernements. Mais elle manqua d'un condiment essentiel. Et de même qu'il faut un lièvre pour faire un civet, pour faire une République, il fallait des républicains. Les républicains firent défaut. En revanche, les monarchistes abondèrent. La sauce tourna.

## XV

La France s'était donc réveillée, depuis longtemps déjà, de son beau rêve démocratique, quand éclata le coup d'Etat du 2 décembre. Comme au 18 brumaire, la Constitution fut déchirée, les membres de l'Assemblée nationale furent dispersés et le règne de la loi resta suspendu.

Qui protesta en faveur de la Constitution?

Personne.

Qui leva la main pour défendre les représentants du pays?

Pas un citoyen.

Qui s'arma pour la République?

Quelques enfants perdus du socialisme, quelques traînards de juin, et encore y mirent-ils une médiocre franchise. Il faut leur en tenir compte.

Beaucoup d'esprits superficiels ont été tentés, un instant, de ne voir dans l'Acte du 2 décembre que sept ou huit commissaires de police et autant de sergents de grenadiers, fermant les portes du Palais-Bourbon et conduisant discrètement à Mazas MM. Thiers, Cavaignac, Lagrange et consorts.

Mais que le résultat de l'événement a vite prouvé qu'une telle manière d'envisager les choses était absurde !

Si les prétendus représentants de 1852, eussent représenté, je ne dis pas le peuple français, mais seulement une portion morale de la nationalité française, pense-t-on que trois compagnies d'infanterie, et douze sergents de ville auraient changé, en vingt-quatre heures, la volonté, les lois et les destinées de la France ?

Eh ! non sans doute. Ce n'a été là qu'un épisode accessoire, qu'un détail d'exécution, un des moyens de l'œuvre politique que la société elle-même accomplissait pour reconquérir l'institution monarchique dont elle ne pouvait plus se passer.

C'est à cette grande tendance que Napoléon III fit entendre sa voix et qui, pareille à un vaste écho parti de tout le sol national, lui répondit : Me voici !

C'est ce puissant besoin de stabilité, d'ordre et de repos qui constitua le 2 décembre et caractérisa l'établissement qui en est sorti.


## XVI.


Si l'esprit public, en France, a laissé tomber ou s'il a précipité tant de gouvernements, de fait et de droit, ce n'est donc point, à mon sens, parce qu'il a voulu substituer, de propos délibéré, la Liberté à l'Autorité, la République à la Monarchie. Mais parce qu'il a constamment ignoré les conditions dans lesquelles peut et doit s'exercer cette Liberté ; parce qu'il a toujours méconnu les principes véritables sur  lesquels l'Autorité repose. Parce qu'enfin, trompés, tous tant que nous sommes, par la mobilité de notre caractère, par notre propension au changement, grisés en quelque sorte par notre enthousiasme pour toute révolution, nous n'avons laissé aucun pouvoir durer assez longtemps pour faire notre éducation politique et nous gouverner conformément à notre tempérament, au fond plus conservateur que révolutionnaire, plus royaliste que républicain.

## XVII.

Car, en résumé, par quelques phases radicales que nous soyons passés, c'est, en fin de compte, toujours à la monarchie que nous sommes revenus.

Quand la dynastie des Bourbons nous a manqué, qu'avons-nous fait ? Nous avons installé la monarchie Impériale.

Quand la monarchie Impériale nous a fait défaut, qu'avons-nous fait ? Nous avons accepté la Restauration.

Quand la Restauration est tombée, qu'avons-nous fait ? Nous sommes  allé chercher un roi dans la branche cadette d'Orléans.

Et, après un interrègne de quatre ans, c'est encore à

l'Empire que nous sommes retournés. Criant parfois : *Vive la Ligue!* avec autant d'ardeur que *Vive le Roi!* mais finissant toujours par abandonner la Ligue pour nous rallier au Roi.

## XVI.

L'évolution que nous avons instinctivement faite en 1852 sera-t-elle la dernière? Et, sous l'état des choses qui nous régit, devons-nous enfin trouver la Liberté telle que nos mœurs publiques la comportent, unie à l'Autorité qui reste notre plus impérieux besoin?

C'est ce que j'aurai l'honneur de rechercher dans une deuxième lettre.

Veuillez agréer,

Monsieur le Duc,

l'assurance de mon profond respect.

Un Bourgeois de Saint-Etienne.

St-Etienne, imp. ve Théolier et Cie.